Minois de
Chats

Minois de Chats

Vicki Croke

EDITIONS ABBEVILLE

New York • Paris • Londres

Sommaire

Introduction

Que voit l'homme quand il regarde un chat ?
La créature la plus séduisante qu'il ait
jamais invitée à entrer dans sa maison. Des
yeux de jade (ou d'émeraude ou d'améthyste),
un petit air sophistiqué dans un corps souple
et musclé, un poil long, court, tigré ou écaille
de tortue, une tête ronde ou triangulaire,
et parfois des chaussettes blanches. Pour
le reste, le chat est une énigme. L'homme
a beau le fréquenter depuis la nuit des temps,
il ne sait toujours pas si le chat est câlin
ou misanthrope, d'une grande sagesse ou
complètement loufoque, plein d'humour
ou sinistre, attentif ou absent, ni pourquoi

il tient tant à se faire passer pour domestique alors qu'il est sauvage.

Le chat est venu vers nous beaucoup plus tard que le chien, mais pour ce qui est d'occuper nos coussins et canapés, il a largement rattrapé son retard. C'est grâce à l'invention de l'agriculture que nous avons fait connaissance : attiré par les rongeurs qui ravageaient les silos et dévoraient les récoltes, le chat s'est approché. On pense que, dans l'Egypte ancienne, le chat sauvage africain chassait les souris de la vallée du Nil. Et ce qui devait arriver arriva : vivant quotidiennement avec ces éblouissantes créatures, les Egyptiens ont été ensorcelés et se sont mis à adorer les chats – exactement les mêmes chats que nous adorons aujourd'hui et qui se vautrent sur nos moquettes. La différence, c'est que les Egyptiens ne se contentaient pas d'offrir

à leurs chats quelques vieilles pantoufles
mitées et autres boules de papier alu.
Ils les honoraient en très grande pompe,
avec luxe et grandeur.

La déesse-chat des Egyptiens, qui s'appelait
Bastet, était représentée dans un char tiré par
d'autres chats. Entre parenthèses, on imagine
assez bien un chat en train de sélectionner
ses futurs larbins : le costaud de la concierge,
le tigré qui a les oreilles en dentelles,
le fouille-poubelles de la pizzeria, etc. Donc,
Bastet était une déesse puissante, une intime
de Rê, le grand dieu solaire. On avait bâti
à sa gloire un temple de pierre où vivaient
des tas de chats que ses adeptes suivaient
à la trace en étudiant le moindre de leur
geste comme s'il émanait de la déesse
elle-même. (Nous aussi, nous étudions
les signaux émis par notre chat : « Délice
de rognons ou régal de truite ? Décide-toi,

fais-moi un signe ! ») Les chats étaient aimés de leur vivant et pleurés quand ils mouraient, et d'ailleurs, quand le chat de la maison disparaissait, toute la famille se rasait les sourcils. Mais être adoré n'est pas toujours une sinécure : le chat égyptien a été aussi beaucoup momifié. A la fin du siècle dernier, on a découvert dans un grand temple environ trois cent mille momies de chats avec leurs doggy-bags – des momies de souris.

Bastet a eu une cote formidable pendant plusieurs siècles, attirant des centaines de milliers de pélerins aux mœurs légères qui venaient célébrer son culte dans l'ivresse et l'orgie. Ce qui n'a pas donné bonne réputation au chat. Si on ajoute à ça le fait qu'il se promène la nuit avec des rétines qui reflètent la lumière et que sa fierté naturelle peut passer pour de l'arrogance, on le retrouve au Moyen Age en très mauvaise posture, taxé de sorcellerie et persécuté d'horrible manière. A cette époque, il ne faisait pas bon être une vieille dame amie des chats. On avait vite fait d'être noyée ou brûlée, emballée dans un sac avec trois ou quatre de ces créatures griffues.

L'hystérie anti-chats est née au Xe siècle et a duré très longtemps : le dernier chat exécuté pour sorcellerie en Angleterre le fut en 1712 ! Les chats noirs étaient spécialement visés dans cette chasse aux sorcières. Aujourd'hui, aux Etats-Unis ou en France, un chat noir qui traverse devant vous est toujours censé vous porter la poisse, mais en Angleterre, il vous porte chance. Dans le doute, plus personne ne porte plainte contre les chats pour sorcellerie et usage de philtres bizarres. Pourtant, leur vie n'est pas toujours rose. Et au XXe siècle, dans nos pays civilisés, alors que des millions de chats sont chouchoutés dans des maisons surchauffées, des millions d'autres, dont personne ne veut, sont euthanasiés.

Même dans ces époques noires, le chat a toujours gardé un ami : l'écrivain, avec qui il partage le goût de la solitude et du silence. Par exemple, Pétrarque, poète italien du XIVe siècle, qui inscrivit sur la tombe de son chat : « Il fut ma plus grande passion après Laure ». Et Montaigne, Victor Hugo, Balzac, Keats, Baudelaire, Hardy, Twain, Kipling, Colette, Hemingway – ils ont tous aimé les chats. Et depuis toujours, le chat aussi aime l'écrivain. Ou plus précisément, il adore jouer avec le stylo de l'écrivain, se rouler sur la page de l'écrivain, soulever un coin, gratouiller, se faire virer et revenir, plus têtu qu'un boomerang. Le chat aime « travailler » le papier – les journaux, les sacs, le courrier. Mais il s'est adapté aux temps modernes et il aime aussi pianoter sur les claviers d'ordinateurs, ce qui déplaît souverainement à l'écrivain. Car si l'écrivain ne comprend pas mieux le fonctionnement de l'ordinateur que celui du chat, il soupçonne que les boules de poils dans les claviers sont nuisibles, et il chasse le chat, qui s'en va en ondulant, la queue en point d'interrogation. Ensuite, l'écrivain console le chat au lieu d'écrire.

En dépit de sa domestication, le chat a peu changé au fil des siècles. Si des différences physiques et mentales se sont affirmées entre les variétés sauvages et domestiques des « bêtes de somme » – essayez de traiter votre chat de « bête de somme », ça peut l'amuser un moment–, le chat est resté le même : souple, musclé – et libre. Il adore vous voir ouvrir des boîtes de boulettes au lapin, mais il sait attraper les petits lapins.

Il n'a pas besoin de vous pour se nourrir
dans les grands espaces hostiles,
que l'hostilité vienne de la forêt ou
des poubelles de Pigalle.

Dans les profondeurs splendides de ces
yeux d'azur, d'émeraude ou d'ambre, luit
la sauvagerie. Le chat est un prédateur-né,
équipé pour tuer : il voit la nuit, il entend
beaucoup mieux que nous, et ne parlons pas
de son flair, qui est trente fois supérieur au
nôtre. Et puis c'est un guerrier, qui délimite
son territoire et marque ses frontières
à grand renfort de parfums. Il emploie parfois
la force pour que les choses soient claires,
mais généralement, la menace suffit.

Le chat naît chasseur, avec mode d'emploi
incorporé, et il perfectionne son adresse
naturelle en jouant avec ses copains
de litière. En regardant sa maman, il apprend
le guet, la technique du bond, et comment

saisir sa proie par le cou. Quand il peut, il s'exerce sur d'adorables souris vivantes. Faute de souris, des doigts de pieds sous une couette, des chaussons qui font chlip chlip sur le parquet ou des lacets défaits font l'affaire.

Il arrive que le chat domestique, ayant entendu l'appel de la savane, retourne à la vie sauvage et se nourrisse en capturant des oiseaux et des rongeurs. Il se reproduit alors abondamment, mais ne vit en moyenne que la moitié d'une vie de chat de canapé. Certaines associations de protection animale pensent même qu'aucun chat ne devrait vivre dehors, tant son espérance de vie est réduite dès qu'il passe le seuil d'une porte pour aller visiter le monde. Dans certaines villes, au contraire, des vétérinaires vaccinent et stérilisent gratuitement les chats libres : ceux des cimetières parisiens, par exemple, fantômes heureux qui se dorent au soleil entre les arbres et les tombes.

Et éternellement, le maître du chat se pose cette question cruciale : « Qu'est-ce qui rend mon chat heureux ? » Le chat aime les caresses, on le sait. Passant et repassant sous la paume de votre main, il frissonne de plaisir du bout de la queue aux moustaches. Beaucoup de chats raffolent de l'herbe à chats, d'autres peuvent se frotter à un saladier en bois d'olivier en louchant et bavant jusqu'à la pâmoison totale. Mais en dehors de ces affinités spéciales, les plaisirs du chat sont simples : s'étirer dans une tache de soleil, foncer méchamment dans un sac en papier, planter ses griffes dans la partie charnue d'un canapé, se taper un petit somme de dix-douze heures, déterrer une plante verte et, surtout, obtenir le respect – voire la vénération – de ses concitoyens : voilà les petits plaisirs du chat.

En fait, le chat est tant de choses à la fois que la meilleure façon de l'aborder est peut-être de le raconter en images. Peu importe qu'il s'agisse d'un chat noir ou d'un chat tigré, vivant dans l'Alabama ou à Dijon : dans chaque chat, vous allez reconnaître le vôtre. Ce livre a été fait pour célébrer la petite âme universelle du chat.

Par tous les temps

Le chat aborde les changements de saison
avec un métabolisme à toute épreuve et
une sérénité totale – enfin presque totale :
la neige le déconcerte. Si vous lui ouvrez
la porte un jour de neige, il jette un œil, sent
que le décor est inhabituel, voire
antipathique, prend un air réprobateur
– il vous rend responsable de cet état de
choses – et peut rester un quart d'heure
sur le seuil à faire geler toute la maison
en attendant qu'une stalactite vous tombe du
nez. Et puis tout à coup, il fonce dans cette
chose blanche et molle, y creuse quelques
zigzags, rentre à la maison dans la position
du crabe guerrier et se rue sur un fauteuil
pour y entreprendre la toilette du siècle –
d'un air outré, ça va de soi. Le reste du
temps, tous les décors lui vont : les verts
de l'été comme les bruns de l'automne.
Mais quelle que soit la saison, ce qu'il aime,

c'est la chaleur : soleil en été, coin du feu en hiver. Et n'ayez pas peur qu'il se laisse cuire : son nez lui sert de thermomètre. Dès que c'est trop chaud, le chat saute sur ses pattes et se rendort vingt centimètres plus loin.

Dans les régions froides, le chat a le poil épais, une vie sportive et l'esprit vif. Dans les régions chaudes, ou tout simplement l'été, il perd ses poils partout, transpire par les pattes, fait beaucoup de siestes et se hâte lentement. En automne, la fraîcheur lui redonne un peu d'énergie (ce qui n'empêche pas les siestes) et au printemps, il semble s'agiter vaguement – ce qui n'empêche pas les siestes non plus. De toute façon, les siestes ont l'air de résoudre tous les problèmes du chat quel que soit le climat.

Le chat en action

Alors que nous nous sommes battus avec les autres animaux, que nous avons dû les piéger et parfois les brutaliser pour les domestiquer, le chat est entré chez nous en se promenant : il avait vu de la lumière. Et non seulement ça, mais il nous a très bien fait comprendre que ressortir de la même façon n'était pas un problème.

Ce qui est sidérant chez lui, c'est sa capacité à passer sans préavis du gentil minou à l'affreux jojo. Pussy Cat est en fait une espèce de tigre des prairies. Tout domestique qu'il soit, il abrite l'âme de la jungle. Il a une vue, une ouïe et un odorat de compétition, un corps d'athlète, une agilité ahurissante et, grâce à une oreille interne performante et une queue qui sert de gouvernail, un très bon équilibre. Il a également une gestuelle bien rôdée : le coup de patte massue pour les souris, le bond élastique pour les oiseaux, et il vous pêche un poisson comme une Bretonne retourne une crêpe : d'un simple coup de poignet. Il a affiné cette gestuelle depuis l'enfance, en jouant.

Le jouet idéal est assez léger pour qu'on l'envoie valdinguer d'un coup de patte, et assez mou pour qu'on puisse y planter griffes et dents. Et il n'y a pas d'âge pour jouer : un vieux matou peut encore faire tout un cirque avec n'importe quel bidule – surtout la nuit – et la plupart des chats ont chaque jour leur quart d'heure de folie. Ils se mettent alors à gicler dans tous les sens, bourrés à bloc de toute l'énergie accumulée à ne rien faire. L'efficacité du chat en tant que prédateur est parfois pénible. Certes, c'est grâce à ce talent que nous nous sommes connus jadis, mais aujourd'hui, quand notre ami ramène à la maison un « copain » plus petit

– une souris ou, pire, une demi-souris suivie
de toute une collection de quarts de souris –,
nous sommes perplexes. Les livres qui
tiennent les comptes de ce genre d'exploits
disent que les meilleurs chats auront zigouillé
dans leur vie des dizaines de milliers
de souris. Franchement, on aimerait mieux
les voir traquer le mouton sous les armoires.

Le chat qui dort (pléonasme)

On a calculé qu'un chat de neuf ans n'est en réalité resté éveillé que trois ans. Ça veut dire six ans de sommeil, de siestes, de dodos et de roupillons. Six ans passés à plisser le nez, vibrer des oreilles et trembler des pattes en rêvant. Six ans d'oreillers, de coussins et de soleil. Six ans de je-m'en-foutisme intégral.

En effet, le chat de maison standard dort au moins seize heures par jour, c'est-à-dire deux fois plus que la personne qui se coltine ses sacs de litière et ses paquets de croquettes géants.

Comme tous les prédateurs professionnels, le chat a été conçu pour dormir entre deux carnages. Les experts ont divisé son sommeil en deux catégories : le sommeil léger (de dix à trente minutes), et le sommeil profond (pas plus de dix minutes) qui se reconnaît aux frémissements des paupières et aux mouvements saccadés des pattes. Par ailleurs, le chat n'a pas, comme nous, de longues périodes de sommeil. Il répartit harmonieusement ses dodos sur vingt-quatre heures, de manière à être parfaitement réveillé et performant au moment où nous pensions pouvoir dormir.

Dans l'enfance et dans la vieillesse, c'est pire : le chat peut dormir jusqu'à 80% de la journée. Le petit chat a une bonne excuse : pesant à peu près cent vingt grammes à la naissance, il double ce poids en une semaine et passe ensuite deux mois à téter, grandir, ouvrir les yeux et faire des dents. C'est du boulot.

De toute façon, le principal travail du chat consiste à dormir. La preuve : une des choses que nous apprécions le plus en lui, c'est sa capacité à dormir du sommeil du juste, roulé en boule ou étiré comme une virgule, dans une attitude si flasque et confiante qu'elle nous rassure : si un prédateur de cet acabit se laisse aller à ce point-là, c'est que tout va bien. Pas de danger à l'horizon. Et une fois que vous avez partagé la vie d'un chat, une flaque de soleil dans la chambre peut arriver à vous inquiéter si aucun chat n'est endormi dedans.

Est-ce que les chats rêvent ?

Les scientifiques prétendent que leur activité cérébrale pendant le sommeil profond est la même que la nôtre, mais nous ne savons pas si le chat vit les rêves comme nous. Nous le saurons le jour où notre chat aura appris à parler et où, descendant l'escalier en trébuchant dans son petit pyjama, il nous enquiquinera tout le petit déjeuner avec le récit de ses bouts de rêves confus :

« Je courais après une souris dans la cour… non… c'était pas vraiment une souris… c'était comme un poisson volant… » Est-ce vraiment souhaitable ? Non. Mieux vaut laisser le mystère planer sur les rêves du chat.

153

Le chat bourlingueur

Nous avons tant de mal à enfourner un chat dans un panier pour faire un kilomètre en autobus qu'il est difficile de lui imaginer un passé de grand voyageur. « Au secours ! A moi ! On m'arrache à mon foyer ! » Voilà ce qu'il braille pendant tout le trajet, ce qui nous vaut quelques dialogues intéressants avec les vieilles dames : « Ah ! J'en ai eu un comme ça mais plus joli, il n'aimait pas l'autobus non plus. » Et pourtant, à peine quelques générations plus tôt, nos chats naviguaient sur tous les océans et vivaient des vies de vagabonds burinés, tartinés de sel et d'iode.

Dès que les bateaux ont été utilisés pour le commerce, les marins ont eu besoin des chats pour liquider tous ces rats costauds qui dévastaient les cales, et les ont considérés comme des héros : les réserves de nourriture étaient vitales et les chats les protégeaient. Quant aux chats, ils vivaient une espèce

de croisière enchantée avec chair fraîche
à volonté, à portée de patte. Des rats sur
un rafiot – quoi de plus chouette ?

Aujourd'hui, le chat a pratiquement
abandonné sa vie maritime. Mais on le voit
partout sur terre, semblable à son voisin à
quelques rayures près – sauf le chat parisien,
qui, même crasseux et mité, garde un petit
air distingué très spécial. L'accent sur le
miââou, peut-être ? Et bien que tous les
chats du monde se ressemblent, à la maison,
ils sont uniques. Et jamais, absolument
jamais, ils n'ont l'air déplacé. Pas plus sur
un tas de charbon que sur un fauteuil
Louis XIV. Si le diamant est fabuleux, ce
n'est pas l'écrin qui va arriver à le ternir.
De toute façon, le chat s'en fiche. Il est là,
posé n'importe où, et il dit : « C'est ma place,
non ? »

Le chat de campagne, robuste, en pleine

forme, chassant dans l'herbe et supervisant les travaux des champs : voilà une image de la perfection. Le chat des villes, noctambule dans les gouttières, planqué le jour derrière le géranium de la concierge : voilà une autre image de la perfection. Quant au chat qui habite au bord de l'eau, n'en parlons pas : qu'elle soit douce ou salée, l'eau est pleine de poissons. Et le chat penché sur l'eau, en train d'attendre que passe un saumon, c'est évidemment aussi une image de la perfection.

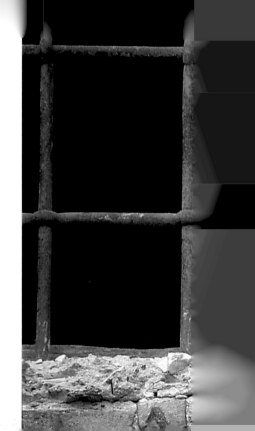

189

195

200

203

Le chat au travail

Le chat au travail ? Voilà deux termes qui paraîtront antinomiques à tous ceux qui ont été au service d'un chat plus de vingt-quatre heures. Mais croyez-le ou non, les chats ont beaucoup travaillé au fil des siècles. Si les chiens ont appris des métiers tels que chasseur, berger, gardien ou guide d'aveugle, le chat a depuis toujours une seule mission : tuer les rongeurs. Ce talent l'a rendu précieux aux yeux des fermiers égyptiens, des marins affamés, et aussi des bibliophiles et des facteurs. Des chats ont travaillé dur pour sauver des manuscrits précieux et des livres de grande valeur dans toutes les bibliothèques du monde. Car ces livres anciens, les souris en raffolent. Et pendant plus d'un siècle, les chats ont empêché les postes anglaises – des lieux pleins de papiers et de miettes – d'être envahies par la vermine. Les chats ont également soutenu différents efforts de guerre en affrontant les rats sur des cuirassés. Et dans le monde ruineux des courses, ils se sont montrés d'irremplaçables compagnons de stalles. Des histoires du XVIIIe siècle racontent que de grands chevaux de courses avaient des amis chats. Et on dit que le vainqueur du derby du Kentucky de 1945, Daunt, était très lié avec un matou nommé Ginger.

Et puis le chat s'est bien débrouillé : s'il chasse toujours la souris (ou le mulot) pour le plaisir, il s'est peu à peu taillé une place de choix dans un petit boulot discret et peu éprouvant : la réduction du stress. De nos jours, l'une de ses plus importantes missions consiste en effet à nous garder heureux et en bonne santé, car à son contact, notre tension baisse et nous guérissons plus vite de nos maladies et de nos blessures – c'est du moins la réputation qu'il est arrivé à se faire. Et voilà où en est le chat à l'aube du XXIe siècle, après s'être battu contre des rats de deux mètres (ou presque) sur des rafiots à moitié naufragés : il nous accueille à la porte et se lance dans une séance d'affectueux ronrons. Il se pose sur nos genoux et regarde le plafond. (Nous n'osons pas le déranger.) Que nous ayons notre tête des petits matins difficiles ou que nous venions de nous pomponner pour aller à l'opéra, il nous regarde de la même manière – nous ne savons d'ailleurs pas trop quoi penser de cette manière de nous regarder : on lui plaît, ou non ? Et puis, au cas où certains d'entre nous seraient enclins à succomber à la vanité, il leur suffit de regarder leur chat : il se fiche éperdument de leur réussite professionnelle, il n'est pas impressionné, pas du tout.

Whiskers Fresno Firecracker Ampersand Circe Bozo Madeline Duchess Checkers
Norman Godzilla Hercules Shortstuff Dandelion Tigger Cyrano Abner Cupcake
Fuzzy Face Sylvester Bandit Rosaline Zeus Inkspot Slate Nova Nougat Jason
Ebony Venus Jingles Pandora Twinkle Toes Elvis Carlyle Sugar Camille Utah
Mickey Emily Anthracite Solo Saturn Chocolate Monty Kumquat Eggnog Quark
Cinderella Valentine Corkscrew Fireworks Princess Bruno Aurora Microchip
Tornado Marcus Juliet Kni_t Margo Phoenix Fluffy Socks Freedom Scorpio
Pica Falstaff Rambo S___ _lf Pint Nemo Nimbus Samson Pearl Rocky Picnic
Rufus Sherlock Cleo____ ___ver Tina Summer Midnight Hyphen Precious
Karma Othell___ ___copia Winston Lucky Friday Neko Felix
Sweetheart P__ _____aract Bodoni Nigel Bastet Max Cottontail
Deputy Orson __ __w Harley Prancer Goblin Galahad Kiko Dawn
Merlin Bill ____ __pokes Francois Butch Zelda King Professor
Orbit Satin ___ ___mmetry Foxy Lady Mitzy Cody Asia Zachary
Captain Ann_ ____on Syrup Punky Rudolf July Senator Mary
Kaleidosc__ ___e Candy Morrison Bonnie Piglet Pickles
Jake Velv_ ___rts Faith Moe Jewel Fransisco Ace Fiend
Pee Wee Ba__ _____ntas Fritz Voodoo Ohm Sigmund Harmony Karl
Spot Harmonica ___ ___ George Sir Stomper Ruth Fisher Jones Romeo Babs
Muffin Casey Bobo Vincent Thomas Furball Ralph Doc Bugs Justice Como Chopper
Whiskers Fresno Firecracker Ampersand Circe Bozo Madeline Duchess Checkers
Norman Godzilla Hercules Shortstuff Dandelion Tigger Cyrano Abner Cupcake
Fuzzy Face Sylvester Bandit Rosaline Zeus Inkspot Slate Nova Nougat Jason
Ebony Venus Jingles Pandora Twinkle Toes Elvis Carlyle Sugar Camille Utah
Mickey Emily Anthracite Solo Saturn Chocolate Monty Kumquat Eggnog Quark
Cinderella Valentine Corkscrew Fireworks Princess Bruno Aurora Microchip
Tornado Marcus Juliet Knight Margo Phoenix Fluffy Socks Freedom Scorpio
Pica Falstaff Rambo Sandy Half Pint Nemo Nimbus Samson Pearl Rocky Picnic
Rufus Sherlock Cleopatra Quicksilver Tina Summer Midnight Hyphen Precious
Karma Othello Muff Lenora Hero Cornucopia Winston Lucky Friday Neko Felix

223

227

modigliani

232

234

Chats & compagnie

Si le chat peut se lier d'amitié avec une
espèce aussi étrange que la nôtre,
il n'y a rien de bien surprenant à le voir
se pelotonner contre des chiens, des lapins
ou des moutons.

Car malgré leur réserve légendaire,
nos chats peuvent se montrer très chaleureux
et amicaux. Ils restent sélectifs, bien sûr,
mais c'est ce qui donne leur prix aux petites
attentions qu'ils ont pour nous.

Le chat est capable d'aimer un tas de
partenaires improbables et réciproquement.
En fait, ses rapports avec les autres sont plutôt
simples. Le problème avec nous, humains,
c'est que nous ne savons pas toujours
reconnaître ses signes d'amitié. Ils sont trop
subtils, et la subtilité n'est pas notre fort.
La plupart du temps, nous avons bien trop
besoin d'être noyés d'affection. Et ce n'est
pas le genre du chat de noyer quiconque

d'affection. C'est le genre du chien, et les chats ne sont pas des chiens : ils ne nous sautent pas dessus avec quarante kilos d'amour baveux. Ils ne font pas la foire aux moindres retrouvailles. Ils restent calmes et sobres. Un chien va vous suivre bruyamment de pièce en pièce – content et attendant la suite des réjouissances –, tandis que le chat va apparaître comme un fantôme, sans que ses pattes touchent le sol : subitement, il est là, à côté de vous. C'est magique. Et le contraire marche aussi très bien : il était là, et le temps de tourner la tête, il n'y est plus.

Les autres animaux comprennent les signes du chat. D'où cette image touchante : un chien et un chat – ennemis héréditaires – roulés en boule l'un contre l'autre sur un canapé. Ou, encore plus fort : un grand Danois baveux occupé à lécher sur toutes les coutures un chaton de cinq cents grammes. Ça paraît

brutal, mais le petit chat ne s'inquiète pas.
Tout noyé, les oreilles transparentes et le
museau rose, il attend patiemment : ça va bien
finir un jour, ce déluge ? A l'inverse, quand
un chiot arrive à la maison, le chat n'est pas
immédiatement fou de joie, c'est sûr : le chiot
normalement constitué ne pense qu'à jouer, et
le chat n'aime pas qu'on lui impose ses loisirs.
Il commence donc par se percher avec mépris,
puis il descend cracher dans tous les azimuts,
histoire d'apprendre à ce jeune idiot
qui commande ici. Le chiot comprend vite,
et ensuite, c'est parti pour l'amitié.

A la ferme, on ne peut pas dire que le chat
montre une affection véritable aux poulets,
coqs et autres dindons. Disons que ces
volatiles l'intriguent. En revanche, il aime
bien les vaches et les chevaux. Et si une
vache lui donnait un peu de lait, un jour ?
Ça serait bien.

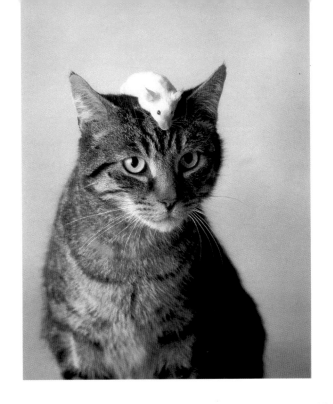

254

Stars entre elles

Plus que tout autre animal domestique, le chat considère son propriétaire comme son public et son impresario. Il est la star de son propre film, avec quelques figurants (oiseaux, souris), un méchant (le chien des voisins), des contrées exotiques (la fenêtre de devant et celle de derrière), quelques événements inattendus (du courrier tout neuf) et, parfois, une histoire d'amour. Généralement, il aime être contemplé, mais il sait aussi faire sa Garbo et tenir les foules (son maître) à distance.

Pourtant, cette diva domestique, éclaboussant gratuitement les écrans de sa beauté incomparable, accepte de partager les projecteurs avec des comédiens finalement assez ordinaires. Mais comme tous les jolis minois d'Hollywood, le chat a souvent été enfermé dans un rôle stéréotypé : faire-valoir de jolie sorcière avec Kim Novak, dans **Adorable voisine**, jouet de l'ennemi juré de James Bond et du parrain Brando. Il a eu aussi parfois l'occasion d'explorer des terres vierges. Qui pourrait oublier les rôles essentiels joués par les chats dans **Impossible M. Bébé** ou dans **Diamants sur canapé**.

Certains chats ont fait carrière en ajoutant un peu de glamour à des spots publicitaires tristounets. D'autres, avec **les Aristochats** ou **le Roi Lion**, se sont efforcés de conquérir le gigantesque marché enfantin. Et depuis **Chacun cherche son chat** – malgré la brièveté de ses apparitions puisque toute l'histoire consiste à le chercher –, un chat perdu sommeille dans le cœur des cinéphiles et des vieilles dames du quartier de la Bastille. Décidément, le chat a le truc pour se tailler un chemin sur pellicule. D'ailleurs, il ne la gâche jamais. Regardez ces photos : il sait le prix de la lumière, de chaque geste et de son éternelle beauté.

Kim Novak

Carole Lombard

Elizabeth Taylor

Kim Novak

Shirley Maclaine

Le fidèle compagnon d'Ernest Hemingway

Vanna White

Linda Evans

Ivana Trump

Cindy Crawford

David Crosby

Davey Jones

Bibliographie choisie

Cat Fanciers' Association **Cat Encyclopedia**.
New York: Simon & Schuster, 1993.

Caras, Roger. **A Cat Is Watching : A Look at the Way
Cats See Us**. New York: Fireside, 1990.

Gebhardt, Richard H. **The Complete Cat Book**.
New York: Mirabel Books Ltd., 1991.

McHattie, Grace. **The Cat Lover's Dictionary**.
New York: Carroll & Graf Publishers, 1989.

Morris, Desmond. **Cat World: A Feline Encyclopedia**.
New York: Penguin, 1997.

Reader's Digest **Guide des chats**. Pleasantville, N.Y.:
Reader's Digest, 1992.

Siegal, Mordecai, ed. **The Cornell Book of Cats**.
New York: Villard Books, 1991.

Tabor, Roger. **Understanding Cats**. Pleasantville, N.Y.:
Reader's Digest, 1995.

Thomas, Elizabeth Marshall. **The Tribe of the Tiger**.
New York: Simon & Schuster, 1994.

Crédits photographiques

150, 157 ; © Henry Diltz/Corbis Media, Bellevue, Wash.: 280-281 ; © Tommy Dodson/Unicorn Stock Photos, Kansas City, Mo.: 137 ; © Bill Dow/H. Armstrong Roberts, New York: 158 ; © R. Edgar/Megapress, Montréal: 139, 190 ; © Eurostock/H. Armstrong Roberts, New York: 176 ; ©Patricia Fabricant, New York: 192 ; © Laura Foggini/Abbeville Press, New York: 250 ; © Rod Furgason/Unicorn Stock Photos, Kansas City, Mo.: 115 ; © C. P. George/H. Armstrong Roberts, New York: 74-75 ; © Alfred Gescheidt/Fifi Oscard Agency, New York: 25, 46 ; Art Gingert/Comstock, New York: 59, 67, 73 ; Globe Photos, New York: 274, 277 ; Godo Photo, Barcelona, Spain: 78 ; © Grenet & Soumillard/Megapress, Montréal: 180, 214 ; © Julie Habel/H. Armstrong Roberts, New York: 52, 82, 241 (détail), 258 ; © Cynthia Halpern, New York: 156, 206-207 ; © 1997, Galyn C. Hammond, Monterey, Calif.: 167 ; © Ed Harp/Unicorn Stock Photos, Kansas City, Mo.: 107 ; © Dane Hockenbrock, McClure, Pa.: 80 ; © Thomas Hovland/Grant Heilman Photography, Inc., Lititz, Pa.: 17, 151 ; © Hulton Deutsch Collection/Corbis Media, Bellevue, Wash.: 270 ; © Geoffrey Hutchinson/Tom Keller & Associates, New York: 141 ; © Mark Ippolito/Comstock, New York: 93 ; © Russ Kinne/Comstock, New York: 57, 149 ; © Kent Knudson/Uniphoto, Washington : 136 ; © Photos courtesy The Kobal Collection, New York: 264 (Diamants sur canapé, Paramount, 1961), 269 et 272-273 (Adorable voisine, Columbia, 1958), 271 ; © J.M. Labat/Megapress, Montréal: 166 ; © Werner Layer/Bruce Coleman, Royaume-Uni : 95 ; © Larry Lefever/Grant Heilman Photography, Inc., Lititz, Pa.: 221, 245, 252-253 ; © Angelo Lomeo, New York: 2 (détail), 181, 183, 186, 204-205, 225 ; © Bruce McClellan, West Simsbury, Conn.: 128-129, 133, 224 ; © Sven Martson/Comstock, New York: 275 ; © Bob V. Noble/Globe Photos, New York: 276 ; © Jim Olive/Uniphoto, Washington : 152 ; © Rich Pomerantz, Washington Depot, Conn.: 36-37, 62-63, 102, 103 (haut et bas) ; © Andy Price/Bruce Coleman, Royaume-Uni : 87 ; © Karen Ramsey, Vallejo, Calif.: 119 ; © F. Reginier-Barral, Paris: 83, 94, 142 ; © Hans Reinhard/Bruce Coleman, Royaume-Uni : 24, 27, 38, 44, 49, 50, 55, 65, 70, 89, 105, 261, 263 ; H. Arm-

Traduit de l'Anglais par Marie-Ange Guillaume
Mise en page de l'édition française : Studio X-Act

Titre original : **Cats up close**
Ouvrage original : © 1997, Abbeville Press, New York
Traduction française © 1997, Éditions Abbeville, Paris

Dépôt légal 1er trimestre 1998
ISBN : 2-87946-154-5
Imprimé en Italie